The Translation Project

Edited by Stephanie Berger,
Kiely Sweatt and Nicholas Adamski

Published by Brothel Books
Copyright © 2011
by The Poetry Society of New York

ISBN-13: 978-0983421702
ISBN-10: 0983421706

First Printing, October 2011
Cover Design: Alyssa Morhardt-Goldstein

Brothel Books
The Poetry Society of New York
New York, New York
brothelbooks.com

Foreword

The Translation Project marks a new beginning for
The Poetry Society of New York—a renewed and re-
imagined dedication to communication between
writers. With The Poetry Brothel, we have bridged
difficult social and sociological gaps between
individuals, with the New York Poetry Festival we
have forged friendships between seemingly disparate
poetry communities, and finally, with The Translation
Project, we are crossing literal borders. The
Translation Project, in a broad sense, is an ongoing
commitment—even in shortage of fame and
fluency—to the exchange, translation, publication and
presentation of works by contemporary poets living
and writing in countries throughout the world. It is
our view that the translation of work by emerging
poets from diverse cultures is an incredibly valuable,
and unfortunately lacking, element of the culture at
large. Since we have been fortunate enough to know
so many brilliant, little-known poets working across
the world we have felt compelled to let intuition,
creativity and many, very diligent, multi-lingual
exchanges carry us where our own personal levels of
fluency could not. The results thus far have been
beautifully intimate and wild.

This particular volume contains the exchanges
between two communities of writers who have shared
a common experience. Begun in March 2010, the

inaugural phase of the project paired poets from The Poetry Brothel in New York City and her sister organization, Prostibulo Poetico, in Barcelona to translate each other's new and original work on a monthly basis. The poets included in this anthology are part of a family of writers, working in concert across the world, to bring intimate poetic discourse to life, who believe that poetry is best shared one to one, from a poet's lips to a listener's ear. We read poetry privately, to one person in exchange for money. Our belief in the intrinsic, monetary value of poetic works and our insistence on sharing them in intimate atmospheres instructs our method and has fundamentally shifted both our aesthetic and our tone. Just as a painter might amend his chosen paint in close proximity to heat, a poet too must adjust her words in close proximity to a body.

We believe that communication across borders is vital to our growth as writers and the health of our wider communities. This little book is only the beginning of a wider conversation that will surely have greater implications than we could ever expect.

Your Editors,
Stephanie Berger
Kiely Sweatt
Nicholas Adamski

- New York / Barcelona, 2011

Contents / Contenidos

Barcelona II – *Lisa Marie Basile*
Barcelona II – *Translated by Kiely Sweatt*

Frine – *Kiely Sweatt*
Phryne – *Translated by Crystal Hoffman*

Él, chupandose el dedo transforma a dios en silencio – *Kiely Sweatt*
He, sucking his thumb, becomes God in silence – *Translated by Crystal Hoffman*

Retrato Imaginario – *Edward Smallfield*
Imaginary Portrait – *Translated by Crystal Hoffman*

Despertares – *Anna Isabella*
Wakings – *Translated by Crystal Hoffman*

Salvacion – *Harriet Sandlieland*
Salvation – *Translated by Stephanie Berger*

Hot Sauce - *Lynsey Griswold*
Salsa Picante – *Translated by Catherine Young*

Monster Side – *Lynsey Griswold*
Lado Monstruoso – *Translated by Catherine Young*

The Translation Project

Holamiamorsoyyotuloba

Txus García

No me has querido llevar a tu puerta
pero yo estoy ahí
te espero igualmente
Las metáforas de la vida
la literatura es lenta como un blues

No sé porqué te preocupa tanto
que te manche toda de ternura
que te destroce hábitos y rutinas
que te joda el yugo
las riendas
que te mire con imponderables
que te siga en la distancia
que sea tu groupie feroz

Anda va puntúa esto del uno al diez
deja que te pregunte el asco
puto silencio tuyo
qué pasa con tu rollo
qué pasa con tu gouffre, con tu ennui
con tu charme con tu élan vital, nena

Qué más te da mujer
que seas la excusa de un verso
que te llame musa
que te sueñe

que me toque un poquito
no sé porque te preocupa tanto

No creías en el amor

HellomyloveIamyourwolf

Translated by Stephanie Berger

I didn't want to carry myself to your doorstep
but I'm here
and I'm expecting you
The metaphors of life
of literature are a slow blues

I don't know why you worry so much
that it stains every bit of tenderness
that it shatters your habits and routines
that you fuck the yoke
the reins
that you look right through the unknown
that it follows you into the distance
that it is your deranged groupie

Come rate this one through ten
Let me ask your loathing
damn your silence
what will become of your act
of your chasm, your ennui
the charm of your vital spirit, baby

Woman do you worry
that you are the excuse for verse
that I call you Muse

that you dream
that I touch you a little
that I don't know why you worry so much

Don't believe in love

Trains
Crystal Hoffman

For the silent film star, Olive Thomas

Olive is only calm now,
because she doesn't know
whether they're coming or going—

These trains, knitted, filled with cattle,
drenched in mercury.
She doesn't choke because they pass

her by, downtown Pittsburgh and into the west,
where her ancestors never made it—
moon fastened, thrice reflected,

but simply because to love dirty rivers
beneath tremendous rusting bridges
one must learned to despise Venice,

believing nothing better exists.
Stillborn inside of the knowledge that she
wouldn't last long in France and that husbands

are only good for building disease and these
train cars that feed her, draw her out, and quarter
her at seventeen.

Her stomach grows weaker everyday—
standing on her fire-escape, she cracks
at the way they move at dusk and through

her screen door. She drops her cigarette
though the grates, ready to run and be beautiful
when necessary—She prays to him before she goes

These trains, I can't sleep or make love.
Eyes welded restless and tongue clipped—
Taste bitter or drown,
here, I would be only a special kind of nothing.

Trenes
Translated by Antoaneta Roman

Para la estrella de películas mudas, Olive Thomas

Olive es tan solo calma ahora,
porque no sabe
si vienen o se van —

Estos trenes, llenos de ganado, tejidos,
Empapados de mercurio.
Ella no se asfixia porque pasan

a su lado, cruzando Pittsburgh hacia el Oeste,
donde sus ancestros jamás llegaron —
atando la luna, tres veces reflejada,

Pero sencillamente al amar ríos sucios
debajo de puentes enormes roídos por la herrumbre
uno debe aprender a despreciar Venecia,

creyendo que nada mejor existe.
Nacida muerta dentro del saber que no
resistiría mucho en Francia, y que los maridos

solo sirven para incubar enfermedades y construir
estos
vagones de tren que la nutren, la destripan y la
descuartizan

a los diez y siete.

Su estómago se vuelve cada día más débil—
De pie en la escalera de incendio, se ríe
De cómo se mueven al anochecer y a través

de su puerta mosquitera. Tira su cigarrillo
por la rejilla, lista para correr y ser bonita
cuando sea necesario—Le reza antes de irse

Estos trenes, no puedo dormir, o hacer el amor.
Ojos soldados sin tregua y lengua cortada —
Prueba la amargura o ahógate,
Aquí, yo sólo sería un tipo de nada especial.

When decrinkling the ball, steam out the wringles with a whisper: "Feckless!"
Stephanie Berger

Not too loud. Your mother is sweetening things in the kitchen.

You, on the other hand, spend hours organizing your interns and your gimmicks. You put red dots on your cheeks, red dots over your I's, you are too *cute* for this world, my girl!

There is so much string in here. What on earth have you been up to?

Well, I blathered most of yesterday. I mean, I put some X's over my I's, I mean. Everything was stars, I mean, I crossed my I's. I was Bessie. I was Robert. I said two things that were the same. I said one thing that crossed itself. It was so beautiful, it was so *beautiful* the way it nullified itself and sat down.

We were in this smoky café, one of those places where it's okay to burn to the underside of things I guess, I made these guesses out of dollhouse furniture, we made these memories. And I poured one pretty heavy. It was so tall! It just kept saying the same thing over and over and over and over and

oh, building itself up so high.   So we climbed on
top of it and threw balls *over* paper, I mean the balls
were paper, but they were also in the mirror, so they
were meaning!—also, but over it. And everywhere
looked so beautiful from up there I couldn't hear
anything but the now and then all these theories
appeared. It was sort of, well, they took all the
"candles" let's say. I guess they flickered there in
the dark and finally went out, went out on these wax
wings, a sort of super exclusive vacation in those
mountains that peak at what *you* would call heaven,
but *I* didn't care, I got the dark one's number, I'll
see him sometime, I'm not worried about it, so just
slow down.

(Oh, the scary corner-quiet of I! You don't have to
crouch with me here. I've got this siren thump-
sucking squeal upstairs, I'll show it to you later.
 You don't believe me, but I do!)

Anyway, the candles were out, and we drew a big
graph in the dark there, we carved a big old graph
into the tabletop, and oh, what a gathering of lines!
 I couldn't see them intersecting, but they were, and
I moved my face towards them, and I knew, I just
knew I was so beautiful there in the dark, I knew that
you and I were finally so beautiful crossing each
other there in the dark.

Do you remember? Do you remember me now?

Yesterday?

Ok, whatever, I'll see it tomorrow, X—I'll see you tomorrow.

Cuando Plancha la pelota vapor paraa las arrugas con un susurro: "¡irresponsable!"
Translated by Jessica Rainey

No demasiado alto. Tu madre dulcifica las cosas en la cocina.

Tú, en cambio, pasas horas organizando a tus becarios y tus artificios. Te pones puntitos rojos en tus mejillas, puntitos rojos sobre tus íes, ¡estas demasiado *mona* para este mundo, nena!

Hay tanta cuerda aquí. ¿Qué demonios has estado haciendo?

Bueno, la mayoría de bobadas de ayer. Quiero decir, pongo algunas X sobre mis íes, quiero decir. Todo eran estrellas, quiero decir, cruzó mis íes. Yo era Bessie. Yo era Robert. Dije dos cosas que eran las mismas. Dije una cosa que se cruzaba. Era tan bella, era tan *hermosa* la forma en que se anuló y se sentó.

Estábamos en este café lleno de humo, uno de esos lugares en los que está bien quemar hasta los bajos de las cosas supongo, hizo estas conjeturas de muebles de casa de muñecas, hicimos estos recuerdos. Y sirví una bastante fuerte. ¡Era tan alta! Sólo decía la misma una y otra y otra y otra y, ¡oh, la construcción de sí misma tan alta! Así subimos encima de ella y tiramos pelotas *sobre* papel, quiero decir las pelotas *fueran* papel, pero también en el espejo, ¡así que fueron el significado!—además, pero sobre el. Y en todas partes se veía tan hermosa desde allá arriba no pude oír nada pero el ahora y entonces todas estas teorías aparecieron. Era una especie de, bueno, tomaron todas las "velas" vamos a decir. Supongo que parpadeaban en la oscuridad y finalmente salieron, salieron en estas alas de cera, una especie de vacaciones súper exclusivas en esas montañas que ojean en lo que *tú* llamarías el cielo, pero a *mi* no me importaba, tengo el número de la oscuridad, lo veré algún día, no estoy preocupada por eso, así que desacelera.

(¡Oh, el terror de esquina tranquila de yo! No tienes que agacharte conmigo aquí. Tengo este chillido golpeador y absorbente de sirena arriba, te lo voy a mostrar más tarde. ¡Tú no me crees, pero yo sí!)

De todos modos, las velas estaban apagadas, y dibujamos un gráfico grande en la oscuridad allí, forjamos un gráfico grande y viejo en la mesa, y, ¡oh, qué reunión de líneas! Yo no podía verlas cruzarse, pero se cruzaron, y moví mi cara hacia ellas, y yo sabía, yo simplemente *sabía* que yo era tan hermosa en la oscuridad, yo sabía que tú y yo éramos finalmente tan hermosas cruzándonos allí en la oscuridad.

¿Te acuerdas? ¿Te acuerdas de mí ahora?

¿Ayer?

Vale, lo que sea, voy a ver mañana, X—Te veré
mañana.

El Sueño de la Mariposa

Catherine Young

Zhuangzi,
que se convirtió en
mariposa y volaba
en el jardín,
se metamorfoseó de nuevo en
el fi lósofo chino.
Segundos más tarde, deseó
de nuevo ser el insecto
y jugó alegremente
entre las fl ores.
Pero su dicha fue efímera,
y, poco después,
fue atrapado
en una red.

The Dream of the Butterfly
Translated by Joey Cannizzaro

Zhuangzi,
who transformed into
butterfly flying
in the garden
metamorphosed again into
chinese phi losopher
Seconds later, wanted
to be the insect again
playing brightly
among the fl owers.
But that bliss was fleeting
and, shortly after,
zhuangzi was caught
on the web.

Padres
Edward Smallfield

hay un retrato de los padres
en la mesilla de la noche
la foto emite su propia luz
por eso no puedes dormir
un retrato en blanco y negro
coloreado por un pincel
muy antiguo
muy anticuado
estas personas no parecen los padres, chica
quizás los abuelos
me dice que el padre era asesino
la madre era puta
una infancia muy interesante
en muchas ciudades
Barcelona Madrid Londres
París Buenos Aires San Francisco
tienes un retrato de la madre
en el bolsillo de la camisa
sobre el corazón
por eso la foto suda
la foto de la madre
una cosa de brujería
hay muchos agujeros
se hace con aguja
algo de una novela mexicana

tu vida es una novela, chica
un libro de arena
muy largo
con muchos personajes

faltan algunas páginas
buscas las páginas perdidas
en muchas calles
en muchas camas
un libro de arena
un libro de araña
tejes una telaraña
te pierdes en este laberinto
sin nombre
sin palabras
desnuda
con un retrato de los padres
en la mano
un retrato borrado
por los años

Parents

Translated by Stephanie Berger

a portrait of parents
on the bedside table at night
emits its own light
so you can not sleep
a portrait in black and white
colored with a brush
old
antiquated
these people do not look like parents, girl
grandparents maybe
you told me the father was a murderer
the mother a whore
a lively childhood
in many cities
Barcelona Madrid London
San Francisco Buenos Aires Paris
you have a portrait of the mother
in a shirt pocket
on your heart
so the photo sweats
the picture of the mother
a thing of witchcraft
and many holes
poked with a needle
along the spine of a Mexican soap opera star
your life is a novel, girl

a book of sand
long
with many grains
missing some pages
looking for missing pages
in the streets
in many beds
a book of sand
a book of spiders
thieve a web
you get lost in this abduction
nameless
without words
naked
with only a portrait of parents
in hand
your portrait lost
for years

Salvacion

Harriet Sandilands

El ciclo de lo impúdico
Tiene sus raizes en la vida
 En barrigas preñadas
En la tiza de las lunas
En el orgullo del gusto
En el precio del placer
En la nata sedosa
Acumulada en las piernas de las diosas
Y sus labios orgullosos
Él tendia la mano a traves
Ella para encontrar la eternidad la puerta al
paradiso
Ellos se casaron con la primavera oscura del templo

Lo que sucede entre ellos Bajo la oscuridad
Es lo que les salva

Salvation

Translated by Stephanie Berger

The cycle of immodesty
Has its roots in life
In round, pregnant bellies
In the dust of the moon
In the vanity of taste
And the price of pleasure
In silky cream
Accumulated in the legs of a goddess
In her proud lips

He extended his hand through Her
to find eternity
the door to paradise
They married in the spring of the dark temple

What happens between them
In the dark
This is what saves them

La tentación del miedo
Antoaneta Roman

En tu regazo, miedo
Resplandecen las manzanas
Que uno tiene que prohibirse a si mismo.

The temptation of fear
Translated by B.C. Edwards

Between your own legs,
Glistening, terrifying fruits
That we must forbid ourselves from.

Behemoth

Lynsey Griswold

There was a time when I hid myself—
at the onset of entanglement,
I wrapped myself into a knot
and huddled, brooding,
in a cage deep beneath my ribs.
But the knot frayed and now,
after years of trembling exertion,
I have come forth, loosened, exhausted.

And tonight, I realize softly in the darkness:
I am transparent.

The mass of my back as I lie facing away from
you—
always away, though I feel your breath on my neck
and ache for it—
should not hide me from you any longer.
You can see through it even in the night, to my
pulse.
The layers of knots I've added under the shoulder
blades,
tied to my spine,
are nodules of pain, but nevertheless translucent,

I think.

And the silence of me in these unconscious hours is
immaterial
in the face of my heartbeat like summer lightning on
your skin.

In shadows and closed bedrooms I like to feel
heavy;
my hands are cinderblocks
on the mattress, but made, I suppose, of glass.
My feet, icy pendulums sinking to earth
through the empty space below me,
are massive.
I have always craved weight, substance, bulk
to back up my ambition, words, convictions;
and when I feel your breath steady in sleep,
I imagine myself swelling into a behemoth.
My spine stretches into train tracks.
My pulse is thunder on the horizon.

I wonder if you feel the same terror,
when you are alone in the night,
of weightlessness.
Mortality is to me a horrifying lightness,
the fragility of a dried leaf before the immensity of
the wind.

Like the wind, I am invisible. Undeniable.
I lie awake, eyes wide, stretching my leaden,
monstrous toes.

I want to turn to you and dig my swollen fingers
into your flesh—
rip you from impermanent dreams, and bury myself
in you. Show you I am more than your sleep.
Bigger than my body.
Heavier than life.

Gigante
Translated by Ana Isabella Byrne

Hubo una vez cuando me escondí -
al inicio de este enredo,
me hice un nudo y me acurruqué
con meditaciones melancólicas
en una jaula entre mis costillas.
Pero el nudo se deshilachó y ahora,
tras años de tembloroso esfuerzo,
he salido adelante, suelta y exhausta

Y esta noche, suavemente en la oscuridad me doy
cuenta:
Soy transparente.

La mole de mi dorso acostada de espaldas a ti –
siempre distante, aunque sienta tu aliento en mi
nuca y sufra deseándolo –
no debería seguir escondiéndome de ti.
Puedes ver mi pulso a través de mi espalda, incluso
de noche.
Las capas de nudos que he añadido bajo los
omoplatos
atados a mi columna vertebral son nódulos de dolor,
que aún así son translúcidos, creo.
Y el silencio de mi ser en estas horas inconscientes
es inmaterial
ante los latidos de mi corazón que son como

relámpagos veraniegos en tu piel.

Entre las sombras y en las habitaciones cerradas me
gusta sentirme pesada;
mis manos son bloques de hormigón
en el colchón, pero hechos, supongo, de vidrio.
Mis pies, péndulos de hielo hundiéndose en la tierra
a través del espacio vacío bajo mí,
son enormes.
Siempre he anhelado tener un peso, sustancia, masa
que apoyen mi ambición, mis palabras, mis
convicciones;
y cuando siento tu aliento constante en sueños,
me imagino volviéndome un titán,
mi columna vertebral una vía férrea,
mi pulso truenos en el horizonte.

Me pregunto si sientes el mismo terror,
cuando estás solo de noche,
de ingravidez.
La mortalidad es para mí una ligereza horripilante,
la fragilidad de una hoja seca ante la inmensidad del
viento.

Como el viento, soy invisible. Innegable.
Estoy acostada, los ojos abiertos, estirados los
monstruosos dedos de mis pies de plomo.

Quiero volverme a ti y hundir mis dedos hinchados

en tu carne —
arrancarte de tus fugaces sueños, y enterrarme en ti.

Demostrarte que soy más que tu sueño
Más grande que mi cuerpo.
Más pesado que la vida.

In the Unlikely Event of a Water Landing
The Economy Class Can Be Used as a Flotation
Device

Joey Cannizzarro

a(n ambulance) rambling thankfully howling
hammocking you(affection towards hammocking)
in a smooth rhythmic
the butler would occasionally go out back and bury
himself as they do

I occasionally go out back and bury the butler
occasionally I corrode brick
as well we ingest medication and lay on your bed
yelling for ice cream it does not come
we sleep.

I am offered airplane food by my ailment in a
dream. I ask it for a brief list of nutritional facts all
of which I am told are irrelevant
since the plane is going down
in my grave I have shark eyes
and a spider weights a web from my pupil to my
hanged-man's shame.

En el improbable caso de un amerizaje
La clase turista puede ser utilizada como flotador

Translated by Ana Isabella Byrne

U(na ambulancia) paseando, afortunadamente
aullando balanceando t(u afecto al balaceo de las
hamacas) en un suave movimiento rítmico
el mayordomo de vez en cuando salía atrás a
enterrarse como se suele hacer

de vez en cuando salgo atrás y a veces entierro al
mayordomo Corroo el ladrillo
También ingerimos medicamentos y nos acostamos
y gritamos que nos traigan helado que no viene
dormimos.

En mi sueño mi enfermedad me ofrece comida de
avión le pido una breve lista de los valores
nutricionales todos los cuales
me dicen que son irrelevantes
ya que el avión desciende
en mi tumba tengo ojos de tiburón
y una araña añade peso a una tela que va desde mi
pupila/alumno a mi vergüenza de ahorcado.

From Pawn's Eye View

Stephanie Berger

Try to remember from the beginning.
What do you think that is on top of the night?
A typewriter crawling away.
Every feature in the cinema.
I'm interested in purchasing your vanity.
For my own twisted purposes.
Like a barter?
Does it come with drawers built in?
Steeped in pun.
Those smile lines are quite becoming.
The bobby pins fixing my lips back.
I'm sick of those bulimics and their optimism.
I wear long, dangling earrings in spite of the fact.
I'm always getting slapped in the eye on street
corners.
No penny in this city is lucky.
You can call a success a sputtering thing.
But what would I be?
You can call an apple anything you'd like.
Except for Japan.
A black man, white woman, or a baboon.
The latter seems appealing.
Who needs politics?
The butcher, the baker, the candlestick maker.
Calling out to you.
I love that confectionary body you made.

You should see the body out of meat.
Like a skeleton?
Who's windchime is that?
Duchamp's geometry book blowing in the wind.
I'm always getting slapped in the eye on street corners.
I believe the pages are a little loose.
That's your opinion.
Too many refined women here tonight.
Too many balls in the game.
That's your opinion.
Which one?
What do you think that is on top of the knight?
Why don't you rub those balls all over my heart?
But what would I be?
Every face you saw today.
Steeped in pun.
In purple Pachmina scarf and blazer.
Leroy, the Chinatown fish market cop.
With a passion for fish.
The latter seems appealing.
I was a psychic child.
Megaphone between my thighs.
Calling out to you.
You will love someone.
With a passion for fish.
You will meet someone.
Which one?
I like girls like that.

For my own twisted purposes.
Like a fleshy machine descending a staircase.
Steeped in allusion.
A typewriter crawling away.
The ladder seems appealing.
I believe the pages are a little loose.
Like a skeleton?
I like girls like that.
Steeped in illusion.
Peek over foot ache for love making wild slit baby

Nothing like what it once was when you meant it.
Except for Japan.
More mistakes than I can count.
Try to remember from the beginning.
Every face you saw today.
Every feature in the cinema.

A vista de peón

Translated by Ana Isabella Byrne

Intenta recordar desde el principio.
¿Qué piensas que hay encima de la noche?
Una maquina de escribir que se aleja gateando.
Cada película en el cinema.
Me interesa comprar tu vanidad.
Por razones retorcidas.
Como un treque?
Viene con cajones empotrados?
Empapado en un pun.

Esos lineas de risa son muy apropriados.
El clip sujetando mis labios.
Estoy enfermo de los bulimicos y sus optimismo.
Llevo pendientes, largo y colgando, a pesar de..?
Estoy siempre pegando en el cogo por las equinas
de calles.
No hay monedas en la calle que lleva suerte.
Llamas a un exito, una cosa petardeando.
Pero que podria ser?
Puedes llamar una manzana cualquier cosa que te
gusta.
Menos Japan.
Un negro, Blanca, o mono.
El ultimo parece mas attractivo.
Quien neecsita politicos?

El carnicero, el panedero, y hombre de las vellas.

Llamando a ti.

Quiero el cuerpo confitería que hiciste.

Deberia ver el cuerpo, carne.

Como un esqueleto?

De quien es este carillon?

La geometría en el libro de Duchamp volando en un viento.

Estoy siempre pegado en el ojo de las esquinas de calles.

Creo en las paginas son un poc son sueltos.

Es tu opinion.

Demasiadas mujeres pijas aqui esa noche.

Demasiados pelotas en el juego.

Es tu opionion.

Cual?

Que piensas esta arriba del caballero?

Porque no se restregan las pelotos sobre mi Corazon?

Pero quien sería yo?

Cada cara que has visto hoy.

Empapado en un pun.

En purpula, bufanda de Pachimina y Americano.

Leroy, el mosso del pescadero en Chinatown.

Con una passion por pescado.

El ultimo parece mas attractivo.

Era una hija psycitoco.

Altavoz entre mis piernas.

Llamando para ti.

Con una passion por pescando.

Econtrarás alguien.

Cual persona?

Me gusta chias asi.

Por mis razones torcidos.

Como una maquina de piel bajando las escalleras.

Empapado en una allusion.

Una maquina de escribir gateando….away

El ultimo parece attractivo.

Creo que las paginas estan un poco sueltos.

Como un

Like a skeleton?

Me gusta chicas asi.

Empapado en un illusion.

Mira atrevez de un solor de pie por amor salvaje …

Nada como una vez era cuando you meant it.

Menos Japon.

Mas errors que muedo contra.

Intenta recordar todo del principio.

Cada cara que has visto hoy.

Cada film del cinema.

Affectionate Cannibals

Joey Cannizzarro

I

the street is terrified and curious after a car crash
every day
it has to withstand
the weight the push to feel
tons of metal atop it thrusting forward
unabashed and careless of what is below
so long as there is something
something to ride on
something to bare them it is no surprise
that the wet road won't stand this abuse silently
in this gasoline world even dampness is fire

II

I miss you rabidly I am foaming
for you feral
I've spent the last month
sneering at your old sweater
empty of you
I know
I can't fill it
I'm too small
I'm always itching
I'm far too hot
I can't believe I fit so snugly in this oven
honey did we leave the gas on?

III

give me your favorite tooth
I left it in your cigarette box
shit I threw that out I thought it was empty
it's ok take this one

red

it's not the same
like the risen christ or a knock-off Rolex?

IV

after a notably boring war
you shouldered your Muscat
mounted your horse
road out to the desert
and shot her
a rotting veteran
once told you
that when a horse gets shot
her uterus turns to gold
you believed him but had no want
for metal or wealth

V

A Love Story
is averted
when two fertile people locked in an elevator

for two hungry days
refuse to even make eye contact

VI
I spent hours shining your prosthetic
leg until the copper was greenless
standing there tall   statuesque robotic
I wanted you to fuck me
instead you flipped a heavy coin
which spun light refracted   blinding me
before embedding itself in the wooden floor
I looked up and you were gone
but I knew you'd return
you left
your shadow

VII
our collective sex-shadow
is god
but sometimes I catch it praying

VIII
a young girl sits in the passenger seat
her mother is driving erratic onehanded
and screaming at the top of her lungs into a
telephone
emitting a horrible screeching pitch then
repeating it repeating it repeating it

there is a distinct rotting smell
coming from the glove compartment

IX

why won't you open your eyes   look at me
I am afraid that you will look like my mother
I am your mother
then I am afraid you will birth me a brother
I am your brother
then I am afraid you will learn the word fratricide
I have detached your life support
will you iron my face for the funeral
you've never had a wrinkle
I had a dream once dead nerves felt hot metal

X

                        and there you stood
certain you were in the eye of the storm but
no somewhere along the electric crest of its
cheekbone
I felt a thousand bees of ice take revenge on me
saw you   your eyes the size of hail the size of
grapefruit
all whites
your ability to walk on stilts had vastly improved
but you were so drunk you asked the storm if it
loved you
while the black day considered how to let you down
lightning or fire

I had one chance to save you
would you cut a moth from a web are you heartless are you
hungry but
I hesitated
like wine being poured through wool

Caníbales Cariñoso

Translated by Ana Isabella Byrne

I
la calle está aterrorizada y curiosa
tras un choque de coches
cada día
debe aguantar
el peso   el esfuerzo   de sentir
toneladas de metal encima, empujando   hacia
adelante inmutable y sin importarle lo que hay
debajo
si hay algo
algo sobre lo que montar
algo que les muestre que no es sorprendente
que el camino mojado no aguante
este abuso en silencio
en este mundo de gasolina, incluso la humedad
es fuego.

II
te echo rabiosamente de menos. Echando espuma
por la boca
como un animal salvaje
he pasado el último mes
sonriendo en burla a tu suéter viejo
vacío de ti
ya sé
no puedo llenarlo

soy demasiado pequeño
siempre me pica
hace demasiado calor
no puedo creer que quepa tan bien en este horno
cariño hemos dejado el gas encendido?

III
dame tu diente preferido
lo he dejado en tu paquete de cigarillos
mierda lo tiré pensando que estaba vacío
está bien toma este
rojo
no es lo mismo
¿cómo Cristo resucitado o un Rolex falso?

IV
después de una guerra notablemente aburrida
te pusiste tu Muscat al hombro
montaste tu yegua
tomaste el camino del desierto
y la disparaste
un veterano pudriéndose
una vez te dijo
cuando una yegua es disparada
su útero transforma en oro
tu le creíste
pero no deseabas
metales preciosos o riquezas.

V
Una Historia de Amor
se evita
cuando dos personajes fértiles están encerrados en
un ascensor
hambrientos durante dos días
y no quieren mirarse a los ojos

VI
He pasado horas abrillantando tu pierna ortopédica
hasta que el cobre perdió su verde
al verte allí de pie   alto   escultural   robótico
quiero que me folles
Pero en su lugar lanzas una moneda gruesa
que giró en el aire refractando luz que me cegó
antes de clavarse en el suelo de madera.

miré arriba y te habías ido
pero sabía que volverías
olvidaste
tu sombra

VII
nuestra sombra de sexo colectiva
es dios
pero a veces le pillo rezando

VIII
una chica joven está sentada en el asiento del
pasajero
su madre esta conduciendo errática con una sola
mano
gritando a todo pulmón hacia el móvil
emite un horrible chillido luego
lo repite   y lo repite   y lo repite
hay un inconfundible olor a podredumbre
que sale de la guantera

IX
¿Porque no abres los ojos? Mírame.
temo que te parecerás a mi madre
Soy tu madre
Luego temo que vayas a parirme un hermano
Soy tu hermano
Luego temo que aprendas la palabra fratricidio
he desconectado tu soporte vital
¿Plancharás mi cara para el funeral
nunca tuviste una sola arruga
Una vez soñé que los nervios muertos sentían el
metal caliente

X
                    Y allí estabas
seguro de estar en el ojo de la tormenta pero
No   en algún lugar junto a la cima eléctrica de su

pómulo
Sentí un millar de abejas de hielo vengarse de mí
te vi   tus ojos   del tamaño de granizo del tamaño
de pomelos
todos blancos
tu habilidad al caminar en zancos ha mejorado
mucho
pero estabas tan borracho que le preguntaste al
trueno si te quería
mientras el negro día consideraba como entregarte
fuegos o relámpagos
tuve una oportunidad de salvarte
¿librarías una polilla de una telaraña? ¿tienes corazón? tienes
hambre pero
dudé
como vino servido a través de lana

Do not try to do too much with your own hands
Lauren Hunter

you held the body in your hands, they were strong
suddenly and your tears were arrows in my side. we
watched you work, a barbarian surgeon, poking and
shaking your sister awake. you shouted, "breathe!"
and your aunt burst in with knives; they reminded
you you shouldn't save each one, some wanted to
die and it broke your heart, you said, "i'm just trying
to keep alive anyone who wants to be," and you felt
the world on your back, panting, fainting, rolling
your shoulders down and slouched --

No trates de hacer demasiado con tus propias manos

Translated by Jessica Rainey

tenías el cuerpo en tus manos, de repente éstas eran
fuertes y tus lágrimas fueron flechas en mi lado. te
observamos trabajar, una cirujana bárbara,
pinchando y sacudiendo a tu hermana para
despertarla. gritaste: "¡respira!" y tu tía irrumpió con
cuchillos, te recordaron que no deberías salvar a
todos, algunos querían morir y eso te rompió el
corazón, dijiste: "sólo estoy tratando de mantener
vivo a todo aquel que quiera estarlo", y sentiste el
mundo sobre tu espalda, jadeando, desmayándote,
girando los hombros hacia abajo y encorvada –

The Alchemy of a Tall Tale
Crystal Hoffman

The last cowboy missed the call to go West,
break wild mustangs, bathe in desert sun,
star in dime store novels, forge new trails
to Old Mexico. In fact, he would never leave

Laurel Highlands. Years spent picking potatoes
out of cold ground, he chose not to notice
mountain wood ripped up from around him, corn
fields filled with waste coal, river stone stained
blood orange.

Instead, the last cowboy learned to bring back
extinct things, even as a boy could taste them
at the tip of his tongue when he spoke their names
silently over and over—distinct nuances of ending.

Starting simple, he merely made myths: had two
half bear uncles who slept in caves, a brother
who fell in love with a donkey and carried her on
his back,
a father with flesh of tree back who couldn't feel
pain.

Cowboys learn slowly, blood spread thin, kept
stagnant by alien ocean and plain, barbed wire and
fence post

distant grandmothers and family cemeteries.
He had to dream his own death three times

before he began the dangerous business
of making miracles, spiked to a tree, complete
with descent to hell and cry of Eli Eli lama
sabachthani, He watched himself sink into earth,
absorb each wanton waste of wild thing into his
brown flesh, then rise again where sulfur rain
acidified, flaked it off, and crumbled it like the sheet
metal rust that filled the lungs of his steel worker
sons.

Woke that third morning to feel fruit and vine
growing beneath his skin, smelled his own lineage
leading back to centaur stock, noticed frozen gods
from foreign skies speaking through his teeth.

He found his three dead sisters first, blackberries
growing in a strip mine, the cowboy carried them
around in his belly where they taught him to sprout
cabbage roses and gold rings from his fingernails.

With these he wooed three women born of
genocide: one Irish, one Shawnee, and one from
Côte d'Ivoire.Kept them all safe in the body of a
buckskin mare they gave the name Lucky. Together
they drew milk and honey from poisoned wells,
kissed waste coal piles and watched wine bubble

forth, gave their voices to every creator that ever fell silent: Raven, Kokumentha, Tuatha, Ra, Bal, Ur; Rode forever into black and white sunsets.

La alquimia de una fábula
Translated by Jessica Rainey

El último vaquero perdió la oportunidad para ir al
Oeste, domar mustangs salvajes, bañarse en el sol
del desierto, protagonizar novelas baratillas, forjar
nuevos caminos al Antiguo México. De hecho, él
nunca dejaría

Laurel Highlands. Años pasó recogiendo patatas
de bajo tierra, optó por no darse cuenta de la
madera de montaña que arrancaron de su
alrededor, los campos de maíz llenos de residuos de
carbón, piedra de río manchada de naranja de
sangre.

En cambio, el último vaquero aprendió a traer de
vuelta cosas extintas, como un niño pudiera
saborearlos en la punta de su lengua cuando dijera
sus nombres en silencio una y otra vez – distintos
matices del final.

Al inicio simple, se limitó a hacer mitos: había dos
tíos medio osos que dormían en cuevas, un
hermano que se enamoró de una burra y la llevó en
su espalda, un padre con piel de corteza de árbol
que no podía sentir dolor.

Vaqueros aprenden lentamente, la sangre se diluye,

se mantiene estancada por el océano extranjero y la
llanura, alambre de púas y poste de alambrado,
abuelas lejanas y cementerios de la familia.
Tenía que soñar su propia muerte tres veces

antes de empezar el negocio peligroso
de realizar milagros, punzado por el árbol, completo
con descenso al infierno y clamor de Eli Eli lama
sabachthani. Se vio sumergirse en la tierra, absorber
los desechos

sin sentido de cada cosa salvaje en su carne morena,
luego subió de nuevo donde se acidifica la lluvia de
azufre, descascarillado, y se derrumbó como el
óxido de metal de hoja que llena los pulmones de
sus hijos trabajadores del acero.

Se despertó la tercera mañana y sintió la fruta y la
viña creciendo debajo de su piel, olía su propio
linaje que lleva hasta la estirpe del centauro, se dio
cuenta de dioses congelados de cielos extranjeros
hablando a través de sus dientes.

Encontró a sus tres hermanas muertas primero,
moras creciendo en una mina a cielo abierto, el
vaquero las lleva alrededor de su vientre donde le
enseñaron a germinar rosas de las cien hojas y
anillos de oro de sus uñas.

Con éstas cortejó a tres mujeres nacidas de
genocidio: una irlandesa, una shawnee, y una de
Côte d'Ivoire. Las mantuvo todas seguras en el
cuerpo de una yegua de piel de ante
le dieron el nombre de Lucky. Juntas sacaron

leche y miel de pozos envenenados, besaron los
montones de residuos de carbón y vieron brotar
vino delante, dieron sus voces a cada creador que se
quedaron en silencio: Raven, Kokumentha,
Tuatha, Ra, Bal, Ur; montaron siempre en puestas
del sol en blanco y negro.

Our Foreheads Were Villainous Low

Joey Cannizzarro

you were not much to look at
but I taught you to curse

we are deeply evolved
with each other

the other kids laughed at your hairy palms
I had always admired them stroked
your vanity   so what! if there is a thick coat

and not just your hands
we are deeply evolved
with each other
but who knows how hairy you are when alone
    your forehead how villainous low

after school in your attic
you'd ask me:

is it bad if I dream of eating light bulbs for charity
am I sick if in dreams I wear a mask made of gerunds
should I get help if I dream of throwing red sauce on polar
bears

it's much worse
I would say

to awake
to pitchforks and torches
come out monster
we know what's inside
you just stood there and cursed them

we are deeply evolved
with each other

your dismembered fur hand
made one juror vomit
I was gruesomely absent
when they torched your home
then deserted an island to strand you

I swear I'll discover
who stole your mirror

I must learn how to walk on white water
I must learn how your island is dangered
I must write you on permanent paper

we are deeply evolved
with each other

we are deeply involved
with creator

I once knew you   then science cried creature

Nuestras frentes eran malvadamente bajas

Antoaneta Roman

Verte no hacía mucha impresión
Pero te enseñé a maldecir

Nos enrollamos/desarrollamos
Profundamente juntos

los otros niños se reían de tus palmas velludas
Yo siempre las admiré acaricié
Tu vanidad qué más da! Si hay una capa gruesa

Y no solo tus manos
Estamos profundamente
Enrollados/desarrollados
Pero quien sabe que velludo estás cuando estás solo
Tu frente cuanto malvadamente baja

Después de la escuela en tu ático
Me preguntarías:

Es malo si sueño con comer bombillas por caridad
Estoy enfermo si sueño con llevar una máscara de
gerundios
Necesito ayuda si sueño con echar salsa roja sobre
osos polares

Es mucho peor

Diría yo
despertar

con horcas y antorchas
sal, monstruo
sabemos lo que hay dentro
tu solo estabas allí maldiciendo los

estamos profundamente enrollados/desarrollados

tu mano velluda desmembrada
hizo vomitar a un jurado
Estaba grotescamente ausente
Cuando quemaron tu casa
 desertaron una isla para abandonarte

Juro que descubriré
A quien robó tu espejo

Debo aprender como caminar sobre aguas rápidas
Debo aprender los peligros de tu isla
Te tengo que escribir sobre papel inalterable

estamos profundamente enrollados/desarrollados
Estamos profundamente involucrados
Con el creador, era una vez te conocía y luego la
ciencia gritó creatura.

When It Started
Nicholas Adamski

When it started,
I imagined it would be easier
to think of you as a fish,
that way the air inside the room could be water and I could float
      instead of having to sit beside you on the bed,

that way,
when you got serious or
so mad you could spit, I could
count the scales on your forehead, or
marvel over how your gills worked,
the mesmerizing fans moving in and out.
What I really wanted
was the miracle of the fantastic
and maybe
a deeper connection with nature.

Cuando empezó
Translated by Edward Smallfield

traducción castellana por Ramón Mercader

Cuando empezó,
imaginaba fuera más fácil
pensar en ti como pez,
en esta manera el aire en la habitación pudiera ser agua y yo
pudiera
flotar
    en lugar de tener que sentarme a tu lado en la cama,
        en esta manera,
cuando estabas muy serio o
bastante enfadada para escupir, pudiera
contar tus escamas o
maravillarme de la función de tus branquias,
los abanicos mesmerizados moviendo dentro y fuera.
Que quise realmente
era el milagro de lo fantástico
y quizás
una conexión más profunda con la natura.

A Gentile On Passover
/Unleavened Amphetamines
Joey Cannizzarro

it is impossible to say good morning at 5 AM
without sounding like an ass
when all of our tight jeans have stretched out
are baggy (eyed) bastard beer bottles
overflowing with apathy until we find the opener

and it goes on like that
believe it or not
as we watch the sky
do this:

an ocean. there is no breeze. it's still. so still the stars
stay stuck where they are. a piece of lamb flesh the
size of your fist unassumingly pulses at the center of
the sea. the blood and water osmose in a horizontal
gradient. we say things like "no one could ever
recreate that color" and "fuck I'm trashed. fuck. I
have to be on the train by 10:50 tomorrow that
means I have to" stop.

we fuck instead of sleeping. we say fuck instead of
sleeping.
we write fuck instead of imagery

sorry, I do that
we though:

we watch the sky do that
while listening to a bright classical piece

written during the Holocaust

we take handfuls of lamb-blood from the saturated
sea-sky
and smeared it on the door for Passover
but our first-born childhood is still absent in the
morning
and the angel of death didn't bother to make the
bed

Un gentil por la Pascua judía
/ Anfetaminas sin levadura
Translated by Edward Smallfield

no se puede decir "buenos días" a las 5 por la
mañana sino suena como un gilipollas
cuando nuestros tejanos de moda son sucios
ojos cansados en bolsas como botellas de cerveza
llenos de apatía hasta encontramos un abrelatas

y todo pasa como eso
crees o no
mientras miramos el cielo
haz este:

hay océano. sin brisas. todo tranquilo. tan
tranquilo las estrellas no pueden moverse. un
trozo de cordero el tamaño de tu puño palpita en
el centro del mar. la sangre y el mar hacen osmosis
en un gradiente horizontal. decimos cosas como
"nadie puede nunca reconstruya este color" y
"joder estoy roto. joder. tengo que estar en el tren
a las 10.50 mañana que significa tengo que" parar.

follamos en lugar de dormir. decimos joder en
lugar de dormir.
escribimos joder en lugar de los imágenes

discúlpame, hago eso
pero nosotros:

miramos el cielo
mientras escuchamos la música clásica y brillante

escrito en el época del Holocausto

cogemos puños de sangre de cordero del mar-cielo
saturado
y manchamos la puerta por la Pascua judía
pero nuestro primero niño aun no está en casa por
la mañana y el Ángel de Muerte deja hacer la cama

Antoaneta

Antoaneta Roman

La libertad no es siempre una iluminación del alma
Puede ser atravesar la oscuridad Como un pájaro
ciego e inquieto Y tropezar con tantas
incertidumbres Que brotan por dentro Demasiadas
preguntas, demasiados caminos Tan poca luz La
libertad puede ser un tianguis* Donde a veces hay
que regatear todos tus sueños. *mercado en nahuatl

Antoinette
Translated by Lauren Hunter

Freedom is not always an enlightenment of the
soul—

it may lead into the darkness

like a bird, blind and restless,

and encourage so many uncertainties

to arise from within.

Too many questions, too many roads

so little light!

Freedom can be a flea market

where sometimes you have to haggle your dreams.

Mariposas Nocturnas
Kiely Sweatt

Hay un enorme numero de insectos
Saliendo por las puertas.
Mariposa nocturna alrededor las farolas
Comiendo secretos.
Saltando de la boca
Del murciélago.

Night Butterflies
Translated by Lisa Marie Basile

There are a great many insects
leaving through the doors,
night butterflies
around streetlamps
       eating secrets.
 Jumping from the mouth
of the bat.

Barcelona I
Lisa Marie Basile

I cover my shoulders
at the Catedral de la Santa Creu
i Santa Eulàlia.
My insides wear flames like
loud children running.
I am the spider
creeping into the tomb
for answers of God and
birthplace.

I want to be Eulàlia.
No. I want to be 13 white geese!

Humans are reborn as the things
they come to love and evolution is
the sound of continents dropping their garters.

I watch naked Barcelona play.

I do not envy her; I praise her.
We leave the playa de la barceloneta
for dollhouses when the sea was troubled,
white wine coveted by dirty rainstained
hands, writing dead arias,
carving gargoyles from window linen.
They multiply when no one
is looking.

Barcelona I
Translated by Kiely Sweatt

Me cubro mis hombros
Al Catedral de la Santa Creu
i Santa Eulália.

Mi interior lleva llamas como
niños ruidosos corriendo.
Soy la araña
alejando en la tumba
para respuestas de Díos y
el lugar de su nacimiento.

Quiero ser Eulália
No. Quiero ser 13 gansos blancos.
Humanos son renacidos como otras cosas.
Ellos empiezan amar. Evolución es
la liga cayendo de los continentes.

Desnudo, miro Barcelona juega.
No tengo envidio en ella me la alaba.

Fuimos de la playa de Barceloneta
hasta las casas de muñecas cuando el mar empezó
ser turbulenta, vino blanco codiciado de manos
sucios y manchados

de la lluvia, escribiendo arias muertas
esculpiendo gárgolas de lino en la ventana.
Multiplicando cuando nadie
esta mirando .

Barcelona II
Lisa Marie Basile

In my bones
little bits of beach,
ripe organs
of Cataluñya in my teeth
the sorrow of missing   something
you do not know
so well,
night butterflies   coming
out of my stomach
and blood,
at home where
the sea is troubled
and bats of   oil and linen sit in trees.
I miss you, lover, like   two smallish wrens
fighting for dead food   in the palm of vultures.

Barcelona II
Translated by Kiely Sweatt

En mis huesos
trozos de playa,
órganos maduros
de Cataluña en mis dientes
la pena de echar algo
que no sabes
muy bien
mariposas nocturnas viniendo
de mi estomago
y sangre
en casa donde
el mar es turbulenta
y murciélagos de aceite y liga se sientan en árboles.
Te echo de menos, amor, como dos chochines pequeños
luchando sobre comida muerta en la palma de los buitres.

Frine
Kiely Sweatt

Respiras inseguro.
Bailas con alguien en privada.

No hay razón para tener miedo.
Este es el fe de ser humano.

Tira tus pies afuera de tu mente.
Lo mas tarde está, lo mas que quieres.

A las dos de la noche sales por los pasillos.
En una casa donde hay un cáncer con forma de
traje.

El quiere encontrarle sentido a tus pensamientos.
El no sabe que la estatua sufre con los ojos por la
oscuridad.

Mientras la agua fíjate a un punto.
Ha venido, este amor amor, a cubrirte en tirita.

Phryne
Translated by Crystal Hoffman

Breathe in uncertain.
Dance with anyone secretly.

No cause for fear.
This is the faith of humanity.

Toss your foot from your mind.
The later it comes, the more I want it.

At two p.m. salt in the corridors.
In a house where there is a cancerous way of dress.

He wants to find meaning in your thoughts.
He does not know that the statue suffers with eyes
for darkness.

While the water looks at a point.
He has come, this love of love, to cover you in
plaster.

Él, chupandose el dedo transforma a dios en silencio
Kiely Sweatt

Los pájaros cantan.
Las niñas cantan.
No sé donde cantan.

(Aquí estabas, aquí todo el tiempo y no te veía)

No puedo ofenderte, dios.
Si yo te pudiese preguntar sobre cosas misteriosas
Podría darte una belleza inmensa.

Los pájaros no esperan.
Las niñas no esperan.
Y la primavera es corta.

Yo tenía una hija.
Yo tenía un mar con un pez muerto.
Yo tenía una hija, era tuya.

Los pajaros se arremolinan.
Las niñas se fueron.
Y las canciones no tienen cantantes.

He, sucking his thumb, becomes God in silence
Translated by Crystal Hoffman

Birds sing.
Little girls sing.
Where they are singing, I do not know.

You are here, all the time, here, and I could not see you.

God, I cannot offend you.
If I knew how to ask you about the ways of mystery,
I might make for you vast beauty.

Birds don't wait.
Little girls don't wait.
And spring is short.

I had a daughter.
I had an ocean of dead fish.
I had a daughter; she was yours.

The birds swarm.
The little girls have passed.
And songs have no singers.

Retrato Imaginario
Edward Smallfield

una paloma de carbón, un cuervo de hielo, sueñas
con una cuerda de arena un hilo de miel o aceite o
luz… *la vida una página blanca… hay que quemar las
letras*… tu madre duerme en un rincón de sombras,
tu padre camina por otro lado, todos los hombres
en trajes son tu padre, todos las mujeres en vestidos
son tu madre, la vida es un umbral sin puerta, una
frase sin palabras, los ciegos ven las cosas
escondidas, la voz enterrada, la historia perdida,
 buscas una moneda de luz en el suelo en tus
rodillas rezando como una monja mientras tu
amante te folla como una bestia

Imaginary Portrait
Translated by Crystal Hoffman

coal dove,
ice raven,

dream of a rope of sand,
a thread of honey, oil, or light--

life a blank page--
we must burn the letters--

your mother sleeps in corners of shadow,
your father walks the other side,

all the men in suits are your father,
all women in dresses are your mother,

life is a threshold
without a door,

a phrase
without words,

blind men see
hidden things,

the buried voice,
the forgotten history,

looking for a coin
light on the floor

on your knees
praying like a nun

meanwhile you fuck your lover
like a beast

Despertares

Anna Isabella Byrne

A la Bella Durmiente no la despertó un beso.
Fue uno de sus hijos recién nacidos,
frutos de una violación mientras dormía,
que chupó la punta del huso de su dedo
buscando su pezón para alimentarse.

A Blancanieves no la despertó un beso.
Fue el movimiento brusco del féretro al caer
que sacó la manzana envenenada
de la garganta de la joven aparentemente muerta
que por su sólo aspecto
conquistó a un príncipe necrófilo.

A mi me querían dormida,
pero desperté de golpe.
No fue un beso tampoco,
sino pasar de niña a doña sin pausa
en brazos de un marido casi sexagenario.
Convención, interés.
No creo haber hallado un corazón noble
en la Bestia de mi cuento.

Wakings
Translated by Crystal Hoffman

Sleeping Beauty was never awoken by a kiss.
It was a sucking of the fruit of her unconscious
rape, as he sought out her nipple, but could find
only the wound at the tip of her finger where it
caught spindle.

Snow White was never awoken by a kiss,
but by the jolt of her cascading coffin which
wrenched the poison apple from the throat of the
half dead woman, releasing her from the only piece
of herself which won her the necrophiliac prince.

And I, I wanted sleep, but was struck into waking
not with a kiss, but with harsh ticking of hours
as I passed from child to woman in the arms of a
man old enough to have fathered me twice.
Convention. Convenience.

No, I have not found the noble heart in the chest
of the beast in this story.

Salvacion
*Harriet Sandlieland*s

El ciclo de lo impúdico Tiene sus raizes en la vida
En barrigas preñadas En la tiza de las lunas En el
orgullo del gusto En el precio del placer En la nata
sedosa Acumulada en las piernas de las diosas Y sus
labios orgullosos Él tendia la mano a traves Ella
para encontrar la eternidad la puerta al paradiso
Ellos se casaron con la primavera oscura del templo
 Lo que sucede entre ellos Bajo la oscuridad Es lo
que les salva

Salvation
Translated by Stephanie Berger

The cycle of immodesty
Has its roots in life
In round, pregnant bellies
In the dust of the moon
In the vanity of taste
And the price of pleasure
In silky cream
Accumulated in the legs of a goddess
In her proud lips

He extended his hand through Her
to find eternity
the door to paradise
They married in the spring of the dark temple

What happens between them
In the dark
This is what saves them

Hot Sauce
Lynsey Griswold

You were half Venezuelan,
but I knew more Spanish than you,
and I should have figured out sooner that
you loved spicy foods
because they made your bland tongue
taste almost caliente in my mouth.

Salsa Picante
Translated by Catherine Young

Que eran la mitad de Venezuelana,
pero yo sabía más español que tu,
y yo debería haber resuelto antes de que
amado alimentos picantes
porque ellos hicieron tu lengua suave
sabor casi caliente en mi boca.

Monster Side
Lynsey Griswold

She patted the back of my hand,
urgency in her eyes and demeanor-
She often taps her fingers on tabletops when
anxious-
and when I turned to her she said:
"Your monster side is showing."
We were at brunch.
I looked down at my hand under hers,
there on the white table cloth.
She quickly removed her skin from mine and,
yes, I could see it there,
the black, wiry hair poking out from the cuff of my
sleeve.
I moved it under the table, smiled sheepishly.
I'd almost forgotten about those claws.
"When you laugh," she whispered,
"you scare the people at the next table.
I can see them cringing."
I pushed my lips down over the fangs.
"And," her eyes were cast down to avoid my yellow
ones,
"when you talk, you gesture so much, and
your claws are so dirty. I don't think
we should do this any more."
I stared down at my palms, smooth and almost-
human.
She quietly got her things, threw her hair
over her shoulder like she does,
and left.
I guess I should have known better

than to think my happiness could mask those nails,
or that smiling might diminish my teeth.
And anyway, what choice do monsters have in life
aside from becoming writers?
And who can write when they're happy?

Lado Monstruoso
Translated by Catherine Young

Ella acarició el dorso de mi mano,
urgencia en los ojos y la conducta
A menudo los grifos con los dedos sobre las mesas,
cuando ansiosa-
y cuando me volví hacia ella, dijo:
"Tu lado monstruoso está mostrando".
Estábamos en el almuerzo.
Miré mi mano debajo de ella,
allí en el mantel blanco.
Rápidamente se quitó la piel de la mía y,
sí, yo podía ver allí,
el pelo negro y tieso que sobresalía de la manga de
mi manga.
La movía debajo de la mesa, sonrió tímidamente.
Casi me había olvidado de esas garras.
"Cuando te ríes", susurró,
"asustar a la gente en la mesa de al lado.
Puedo ver los serviles ".
Me abrí los labios hacia abajo sobre los colmillos.
"Y," sus ojos eran arrojados a evitar mis ojos
amarillas,
"Cuando se habla, que tanto gesto, y
tus garras son tan sucios. No creo que
tenemos que hacer esto más. "
Me miró mis manos, suave y casi
humanos.
Tranquilamente, ella tiene sus cosas, la tiró del pelo
por encima del hombro como lo hace,
y se fue.
Supongo que debería haber sido más

que pensar en mi felicidad podría enmascarar las
uñas,
o que la sonrisa puede disminuir los dientes.
Y de todos modos, ¿qué opción tienen los
monstruos en la vida
aparte de ser escritores?
¿Y quién puede escribir cuando está feliz?

Tiger
Lauren Hunter

1

who's churning up homemade ice cream anymore?
can you be the tiger hidden
in those countless picture frames
stacked as stairs to the sky?
rushing through all history
scratching grass to bones
licking dust to light?
can i be your steel fortress
broken by ever raindrops
brick by brick by brick
the dirty gray of the concrete pool
where your tears collect-- telegraphs
inned to the door like butterflies?
the baby leaning on the window
scratching the glass with
tiny tiny fingernails when
oh you run right through
walls and stone and even steel
chasing your silly tiger tail
can i be the tree you race around,
your solar obsession,
even as you are scratching your own eyes?

2

we used to go into fits of sneezing when we first started
making love. you said it was the dust being stirred up from
our beautiful bodies.
rolling around in all over this, bone against bone,
paw to palm, this is a fight

a bloody end, or beginning, a sweet honey valentine
to fields of wheat back home
to love lost, to mermaids, to that lonely talking
again, a fierce growl in the belly
we touching so, twisting, beating, (the past like a
shadow) your
indeterminiate beauty, your thick skin, your bright
smile, my transparent
eyelids, this blood, this blood, this blood, every
single note of music, every sigh
a chaste liar, a sugar pie, a tender cut, oh love, over
this, your glowing eyes

3

*i had dust thick enough to darken my brightest light. oh that
heavy sleep dust.*
i like to keep my fingers in your fur
always pulling orange and black hairs from my eyes
sometimes i watch the way you roam
the room while you sleep--
crawling from corner to corner
eyes fixed on a lamp that isn't there--
how you are electric and never turn off
never stop running in tight right circles.

4

*who makes beauty into this stranger to be the unknown and
feared?*
your bold yellow
butter black eyes
        (so delicious)
when we are in the mirror
        (my stomach growls louder than yours)

you might bite my bones
but i am always licking my lips.

5

*well, let me say this: there looks as if there might be a good
reason to melt the spoons into bullets, to pull together the
armour, or better yet, to strip absolutely naked in the face of
this fear-maker...*
the radio tower
the pine tree
the light house
the street lamp
the bees' buzz
the falling night
the whirring fan
the pointed gun
you don't take hold of danger. you sniff and smell
all my fear.
you shake your head melodic, and oh i cry.
you have claws for digging in, i have hands for
letting go.
i eat everything. you are never hungry.
it's all patience. it's knowing what you are running
for.

i see you a blur around my paralysis
watch you run to the start to the end.
i gather the butter you become when you're done.

Tigre
Translated by Catherine Young

que está batiendo la crema hecha en casa hasta el hielo más?
puedes ser el tigre escondido
en los(esos) marcos innumerables
apilados como escaleras al cielo?
corriendo a través de toda la historia
rascarse(rascando) la hierba (de)a los huesos
lamiendo el polvo de la luz?
puedo ser tu fortaleza de acero
roto por las gotas de lluvia cada vez
ladrillo por ladrillo por ladrillo
el gris sucio de la piscina de concreto
donde tus lágrimas recogen telégrafos
clavado en la puerta como mariposas?
el bebé apoyado en la ventana
rayando el cristal con
pequeñas diminutas uñas cuando
oh ejecutarsl a derecha a través
incluso, paredes de piedra y acero
persiguiendo la cola del tigre tonto
puedo ser el árbol que la carrera en todo,
tu obsesión solar,
incluso, mientras te rascas tus propios ojos?

2
*solíamos tener ataques de estornudos cuando empezamos a
hacer el amor. tu dijiste que solo era el polvo que se salia de
nuestros cuerpos.*
*rodando por todo esto, hueso contra hueso, de las patas hasta
las palmas, esta es una lucha.*
un final sangriento, o un principio, una miel dulce

de San Valentín a los campos de trigo de vuelta a
casa
de un amor perdido, a sirenas, a esas solitarias
conversaciones, una vez mas en este solo a hablar
de nuevo, un gruñido feroz en el vientre
tocandonos asi, torciendo, golpeando, el pasado
como una sombre la tuya
belleza indeterminiate , tu piel gruesa y tu sonrisa
brillante, mi transparencia
párpados, esta sangre, esta sangre, esta sangre, cada
nota de la música, cada suspiro
un mentiroso casta, un pastel de azúcar, un calido de
licitación, oh amor, sobre esto,
tus ojos brillantes

3

tuve el polvo lo suficientemente gruesa como para oscurecer mi
luz más brillante. oh que el polvo pesado sueño.
me gusta mantener mis dedos en tu piel
siempre tirando de los pelos de color naranja y
negro de mis ojos
a veces veo como tu que deambulan
por la habitacion mientras tu duermes
rastreo de esquina a esquina
los ojos fijos en una lámpara que no está allí -
cómo son eléctricos y no apague nunca
nunca dejar de correr en círculos apretados
derechos.

4

que hace la belleza en este extraño ser a lo desconocido y
temido? tu valentía amarillo

ojos manteguilla negro
(tan delicioso)
cuando estamos en el espejo
(Mi estómago gruñe
más fuerte que el tuyo)
que podría morder mis huesos
pero yo siempre estoy lamiendo mis labios.

5

así, permítanme decir esto: no parece que puede haber una
buena razón para fundir las cucharas en las balas, para
reunir la armadura, o mejor aún, para quitar completamente
desnudo en la cara de este miedo fabricante de ...
la torre de radio
el pino
el faro
la lámpara de la calle
zumbido de las abejas
la noche cae
el ventilador zumbando
el arma apuntando
no se apoderan de peligro. que huela el olor y todo
mi temor.
tú mueves la cabeza melódico, y oh lloro.
que tienen garras para excavar en, tengo las manos
para dejar ir.
yo que todo comer. que nunca tienen hambre.
todo es paciencia. es sabiendo lo que se están
ejecutando para.

te veo una mancha alrededor de mi parálisis
verte correr del comienzo hasta el final.

engo entendido que la mantequilla
se convierte cuando haya terminado.

Caída Libre
Catherine Young

Los acantilados son las zanahorias de los físicos
Que tienen el impulso maníaco de tirarse
De ellos y saber que se siente
Por unos momentos lo que realmente es volar.
Dentro de la guarida sin bordes de un conejo
Se encuentran con cigüeñas mareadas
De camino a entregar bebés,
Cometas y globos enredados entre las nubes,
Y cabezas sin cuerpos con todas las expresiones que
se puedan concebir. // imaginables
Y están exultantes porque después de las tormentas
Llegan arcoiris que se separan, se duplican y
Multiplican, como un virus del cielo –
En este camino de mínima resistencia.
La Constelación de Geometrías Rotas
No hay axiomas para vivir, dice
El filósofo a sus discípulos.
Los ángulos no tienen porque ser los mismos
Si están espalda contra espalda
O cara a cara
Como soldados en una batalla.
La distancia más corta entre dos puntos
No es siempre una línea recta.
Puede que realmente sólo seamos puntos intentado
Crear formas y simetrías,
Tejiendo historias dentro de historias mientras
Cada uno se encuentra en un universo solitario.
Aún así, permítenos otorgarnos nuestra persistencia,
Nuestros corolarios y teoremas,

Nuestros quebrados y heroicos actos de rebeldía
Que dejan su eco por toda eternidad.

Versus Gravity
Translated by Lauren Hunter

the cliffs are the carrots
of the physicist, taunting her with the
impulse to throw herself from them
and learn how it is to fly.

but she falls into a hole, perhaps clinging to
a stork, leaving confounded infants entangled
in the clouds, among comets and globes.

still, these brainiacs—separated from their bodies
with faces gloating emotions they have never felt—
are exultant, knowing that after the storm
come rainbows that will divide and multiply
like a virus. it's easy to think so. still,

"the constellation of broken geometries
wasn't a map to live by," offers the philosopher to
her disciples. "and the shortest distance between
people

isn't hand to hand." are we only dots
trying to create symmetry around us?
weaving common histories, while
each of us remains a solitary universe?

even so, we indulge our desires
defending desperate theories of connection—
our disparate acts of heroic defiance against
the solitude, leaving our echoes forever

The tale of an invisible woman will never vanish
Stephanie Berger

It will tiptoe about the house and clear its throat
with a wariness of sound: We cannot be star-crossed
or crossed-off in nightgowns of the flesh! Those
bones do not bring out the whites of your eyes, or
mine; They bring the bones out, your bone, and my
bone, each Heavy word, rolling around on the oak,
bruising itself; heavier Than the fat lady *herself*, I'm
always blowing notes before their time. As an
elephant I never forgot the history of the lake
Cannot drown, and I'd cut off my trunk to give you
a stump On which to sit and rest your weary bones.
 For who am I To deprive my love of an absence so
vanishing it glows? It's the *tale* of an invisible
woman, and the tale alone That must offer up its
obscurity, like a goat throat; I don't have to Remind
you: to the father on mountaintop, it's more than a
throat.

La historia de una mujer invisible no desaparecerá nunca

Translated by Antoaneta Roman

Caminará de puntillas por la casa y carraspeará en tono cauteloso: No podemos estar malhadados ni tachados en camisones de carne! Estos huesos no hacen resaltar los blancos de mis ojos, o los tuyos; Pero hacen resaltar los huesos, el mío, y el tuyo, cada Palabra pesada, dándole vueltas al roble, magullándose; más pesada Que la señora gorda *misma*, yo siempre soplo las notas antes de su tiempo. Como elefante nunca olvidé la historia del lago No me puedo ahogar, y me cortaría la trompa para ofrendarte un tocón Donde asentar y reposar tus huesos cansados. Pues quien soy yo Para privar mi amor de una ausencia tan evanescente que brilla? Es la *historia* de una mujer invisible, y tan solo la historia Que tiene que ofrecer su oscuridad, como el cuello de una cabra; no tengo que Recordarte: para el padre en la cima de la montaña, es más que un cuello.

If only I could keep you for another week
Nicholas Adamski

I'm sure I could figure out
what all the buttons do.
I already know that if I press the tip
of your nose, your tongue will slip
out of your mouth. And that if I pull
on this ear lobe
or that
your tongue will
slide along the line of your closed lips.
And I know that if I pinch
the soft skin beneath your chin
your tongue will retreat
behind the pink doors: the gate
I'm trying to unlock, the
belt I'm unfastening,
the buttons
climb the ladder of your chest towards
your heavy breasts
hanging in Manet.
You call out to me,
out back catching a rabbit,
which we will consider
having for dinner, before our
indecision leaves the door ajar
and the thing hops away. The little girls
chase it and give it names
we, older, cannot pronounce
as if a new language is being created.

Si sólo pudiera tenerte por una semana más
Translated by Jessica Rainey

Estoy seguro de que descubriría
la función de cada uno de tus botones.
Ya sé que si presiono la punta
de tu nariz, tu lengua saldrá
de tu boca. Y si tiro
del lóbulo de ésta oreja
o de aquella
tu lengua se deslizará
a lo largo de la línea de tus labios cerrados.   Y sé que si
pellizco
la suave piel debajo de tu barbilla
tu lengua se retirará
tras las puertas rosadas: el portón
que estoy tratando de abrir, el
cinturón que estoy desabrochando, los botones
que suben
por la escalera de tu pecho hacia
tus pechos pesados
colgando en Manet.
Tú me llamas,
desde el fondo, al atrapar una liebre
que consideraremos
preparer para la cena, pero nuestra
indecisión deja la puerta entreabierta
y el animal de un salto se aleja. Las niñas
lo persiguen y llaman con distintos nombres que nosotros,
los mayores, no podemos pronunciar
como si una nueva lengua estuviera siendo creada.

To note the fashions of the cross
Nicholas Adamski

Before you were all hips and breasts
sliding in beside me,
you were you, all
hips and breasts sliding outside every line
I could draw. You were
always out, darling,
out in the fields
trying to find me,
in between the heads of cabbage.
Trying to pull me
out of the earth
like I was something to be harvested,
to be picked and cleaned and carried home,
to be consumed. I always picture myself there, being
prepared,
boiling in your pot or baking in your oven

Mother; I was her.
The one he loved before you. Before
you both knew what love was,
holding it in your arms,
the way a balloon both suggests air and is filled with
it.
I was always there before you, taking the first steps,
imagining the shapes of moments
that make life.

And when I fell back
into orbit around your stomach,
when I was the rock

that turned down there, full of earth
and not poison,
not an abstract of suffering,
but the round shape of experience.
Where I,
in all the serenity of overdose,
drank and drank the possibility of being again.

We were there together,
throwing stones into a sea,
where sea monsters collect us and bring us back
to the womb, where
we are always growing older,
long before we remember
where the ground will be,
or that it will be the thing
that we'll walk on.

Notar las modas de la cruz
Translated by Jessica Rainey

Antes eras todas caderas y pechos
deslizantes a mi lado,
que fueras tú, todas
las caderas y pechos deslizantes fuera de cada línea
que podía dibujar. Estabas
siempre fuera, cariño,
en los campos
intentando encontrarme,
entre las cabezas de col.
Intentando sacarme
fuera de la tierra
como si fuera algo que se cosechara,
para ser recogido y limpiado y llevado a casa,
para ser consumido. Siempre me imagino allí, en preparación,
hirviendo en tu olla u horneado en tu horno

Madre; yo era ella.
La que él amaba antes de ti. Antes
de que ambos supierais lo que era el amor,
sosteniéndolo en sus brazos,
en la manera en que un globo de aire tanto sugiere y
se llena con él.
Yo siempre estuve allí antes de ti, tomando los
primeros pasos,
imaginando las formas de los momentos
que conforman la vida.

Y cuando caí
en órbita alrededor de tu estómago,

cuando yo era la roca
que giraba allí, llena de tierra
y no   venenosa,
no una abstracción del sufrimiento,
pero la forma redonda de la experiencia.
Donde yo,
en toda la serenidad de sobredosis,
bebí y bebí la posibilidad de ser de nuevo.

Estuvimos allí juntos,
arrojando piedras en un mar,
donde los monstruos del mar nos recogen y nos
traen de vuelta
a la matriz, donde
siempre estamos envejeciendo,
mucho antes de recordar
donde el suelo estará,
o que será la cosa
en la que vamos a caminar.

Todos han escrito esto alguna vez
Kiely Sweatt

Lo que tuvimos cabe en la palma de mi mano
Suave y mojada como una ternera.

Sabes que en algunas culturas olemos como lleche?

Pienso en esto mientras quemo las ojas de octubre
Donde vivimos
Tu duermes
Y cojo montónes húmedos
Miracles bailan y crepitan
Crepitan y queman.

En un reflejo de luna
rizandose en el techo
Te veo mirando
Desde las ventanas
Tirando palabras
Uno por uno
Llamandome
Como saltamontes
para venir.

All of it has been written

Translated by Lisa Marie Basile

In the palm of my hand we had something
soft and wet, like a calf.

You know, in some cultures it smells like milk.

I think of this while leaves burn October
where we live
you sleep
and cripple wet piles
miracles sway and crackle,
crackle and burn.

In the moon's reflection,
curling to the ceiling
I see you looking
from the windows
seducing words
one by one,
calling me
as a grasshopper,
to come.

Tesseract
Catherine Young

Es así como lían entre ellos
Como jerséis del revés
O arándanos con piel de fresa.

Mira los cuatro agudos dientes de una cuchara
usada para tocar las cuerdas de guitarra
hechas de frágiles alas de libélula.

Hay arco-iris volteados
Bajo el puente donde
El verde del cinismo,
El rubí de la furia,
El óxido metálico de rencores,
El abrumador zafiro del duelo,
Se reflejan en el blanco rocío de las zarzas.

Todo esto donde nada es como se había pensado,
Este universo inverso // del revés // al revés
De un hipercubo delirante.//vuelto loco //
desvariado // desquiciado

Tesseract (Motion Model)
Translated by Lauren Hunter

Thus, each bundle
unfurls like the turning of a sweater inside out:
A blueberry-skinned strawberry.

The four sharp teeth of a spoon
play guitar strings
of brittle insect wings.

Jumbled
under the reversed bridge,
cynical emerald,

                      ruby fury,
               metallic grudges,
         sapphire grief, all
    reflect on a white spray of brambles.

Here where nothing is
as previously seen
A universe inverse / /
upside down / /

                    backward

In a hypercube, delirious. / /
Crazy / /
ranting / /
Crazy

Nocturno del lutier
Catherine Young

1
Deja que los contornos de caoba silvestre
Enciendan esta aceleración salvaje,
Liberando las chispas del ruiseñor
Echado durmiendo tras de cuerdas de acero.

2
Deja que los fuegos crecientes vacilen
para luego penetrar en confianza
con montante intensidad, mientras vibran
avanzan velozmente por el aire.

3
Deja que las llamas de melodías olvidadas
bailen más alto a ritmos sin estructura,
exultando por este placer invisible
para alcanzar una orgía de frecuencias.

4
Deja que las ascuas/brasas negro azulado se
calcinen,
Goteando lentamente en un suave staccato/picado
Antes de desvanecerse en silencio
como si fuese una nana.

Nocturne of the Luthier
Translated by Joey Cannizzarro

1
Let the contours of jungle mahogany
Ignite this wild acceleration
Liberating the sparks of the nightingale
Stretched out sleeping behind steal strings

2
Let the growing fires waver
in order to penetrate later   with confidence
with mounting intensity, vibrating
advancing swiftly through the air

3
Let the flames of forgotten melodies
dance higher to chaos rhythms
exulting this invisible pleasure
to reach an orgy of frequencies

4
Let the black embers get calcined blue
Dripping slowly in a smooth minced/staccato
Before vanishing into silence
as if they were a lullaby.

You
Lisa Marie Basile

Those hollyhocks, do you remember?

I was skinny, socks falling to my ankles, a white
animal gliding across the room, my hands wrung
and swollen, a whole apothecary within my ribcage:

> organs and tinctures, droppers
> of my blood & owl's blood.

I was a child born in between two trees in the
dream, hunting phantoms with spears, quick-handed
and ripe. I caught one and dragged him back to an
empty house some house I don't remember on the
edge of town, where plants grew up the stairs and
stuck

their tongues out at the sun.
I caught him and made him tell me the secret.
Veils and quija boards, spices and lemon trees,
the alchemy of human love and bone,
that all spirits sleep on the moon.

You can find them at night above you
hung like a portrait. The magic we lose
in fountains,centavos flung from small satin
hand gloves.

Usted
Translated by Kiely Sweatt

¿Recuerdas las malvas?

Era flaca, calcetines cayendo hasta mis tobillos, un
animal blanco deslizándose a través del salón,
mis manos se retrocaron y hinchados, un boticario
entero dentro de mi caja toráxico

órganos y tincturas, gotas de mi
sangre y la sangre del buyo.

Era una niña que nací dentro de los árboles de
sueños, cazando fantasmas con lanzas, mano rápido
y maduro. le cogí uno y le arrastrado en una casa
vacía Alguna casa que ahora no recuerdo el las
afueras del pueblo, donde plantas crecían por las
escaleras y sacando
sus lenguas al sol. Lo cogí y le mando a contarme el
secreto.

Encaje y tablas de quija, especias y árboles de
limones, la alquimia de amor humano y hueso,
que todos espíritus duermen en la luna.

Tu puedes encontrarles en la noche arriba
colgado como un cuadro. La magia perdemos en
fuentes, centavos tirado de los guantes pequeños
de satín

Dear Diary
Stephanie Berger

Dear Diary,

You are a four-headed liar, and I don't have to take it. I pen this against you, pen pressed against you, soft, in the shape of that political cartoon. This party is a joke. I forgive you. The first time I fucked in the shape of a frog, I was so self-conscious, a chorus of balloons around my head. I understand. The videographer, my junior high school best friend. I'll never get close to anyone again.

Dear Diary,

My alcoholism functions best against you. It really pops against the black room. Don't you think it's striking? Don't you enter through the back room in the gallery? VIP? All the paintings are rolled up in paper and red plastic carpet, alluding to the subdued glamour of their impending transport. There is no light. You don't have a choice. There is a vague honeycomb of the foot when stepping off the subway.

Dear Diary,

What kind of bees make milk? he asked. I will never be as beautiful as you. One day I will stand up and push the table over. I will remember everything, and everyone will be there. Teacup, teaspoon, sugar granule…. It's terrible to be so ordinary. Always a diamond, never a diamond's rest against my nose. My alcoholism functions well against the philosophers and their noses, and against what happened to them.

Dear Diary,

I stood up inside the dream. I pushed the table over. Everyone was watching. My boyfriend wasn't interested in the repetition of motion, I think, because it was so familiar to him. He didn't see the raucous black sun of a difference between: this repetition, our dog, our family. *Come home*, I said. *I want you to go home.*

Dear Diary,

You can always teach a dog old tricks he's forgotten. No, I take that back, he probably remembers. *He's a god, he's a god.* You can't teach a god, you can't teach a dog. You can't take the guard out of the dog. Or the street or the little red missile or the trash out of the dog that broke into the trash. You can always drink against the dog, in bed. My fortune read, *The bed is only as soft as the pillow.*

Dear Diary,

We sleep together every night, and yet, you've never entered my dream. Come on in, the water's wet and always boiling. You never eat the things I cook for you. Don't you like figs? Don't you like me? Don't trust the woman isn't a fig.

Dear Diary,

The woman said the hole inside me is God-shaped.
Can you be a God-peg if I roll you up? Will you
promise not to threaten my dog? Why does every
abuse story start with some furled reading material?
No one enjoys my eyes but you. Sometimes I lie,
even to my mother.

Dear Diary,

My body's entire process has shut down. I am more
stone-like than the sea. It's a good thing you love
my matching immaculate insides. These eyelids, the
most curious machine. Shut them down, and they
never close. A body at rest can move at rest.

Dear Diary,

Together we will save the world, and when we
don't, one of us will fall off the edge. My head will
be a crate of butterflies falling off the wagon, but
not before the wagon slips over the edge. When
you touched my neck a boulder fell. I always
wanted to be named after a canyon.

Dear Diary,

The woman warned me not to "fall off the wagon."
I guess I fell against it, this anger having hardened
in the shape of a weathered sun. The landscape is

black in memory, fluorescent in scope. The stars may be fire, but the moon is stone and even brighter. I am the sea, and the sea is *never moving*. Welcome to the black room.

Querido Diario
Translated by Edward Smallfield

Querido Diario,

Eres mentiroso, con cuatro cabezas, y no tengo que
soportarlo. Escribo este contra ti, el bolí se arrima a
ti, suave, flojo, en la forma de una caricatura
política. Este partido es una broma. Te perdono.
La primera vez que follo en la forma de una rana,
era tan auto-consciente, un coro de globos alrededor
de mi cabeza. Lo entiendo. El vidéografo, mi
mejor amigo del colegio. Nunca siento cerca de
ninguna persona otra vez.

Querido Diario,

Mi alcoholismo funciona el mejor contra ti. Explota
en la habitación negra. ¿Piensas que es muy
impresionante, verdad? ¿Entras tú por la habitación
detrás en la galería, sí? ¿VIP, verdad? Todos los
cuadros son enrollados en papel y alfombra de
plástico rojo, hablando del glamor oscuro de su viaje
inminente. No hay ninguna luz. No tienes opción.
Hay panal vago mientras bajando el metro.

Querido Diario,

¿Cuál tipio de abeja hace leche? él me preguntó.
Nunca será tan guapa como ti. Una vez me pondré
en pie y me empujaré la mesa. Recordaré todo y
todo el mundo será allí. Taza de té, cuchara, grano
de azúcar…. Es horrible ser tan ordinaria. Siempre

un diamante, nunca un diamante en un nariz. Mi alcoholismo funciona muy bien contra los filósofos y sus narices, y contra que pasó con ellos.

Querido Diario,

Me puse en pie dentro del sueño. Me empuje la mesa. Todo el mundo miraba. A mi novio no le interesa la repetición del movimiento, pienso, porque por él era tan familiar. No vio el sol ruidoso y negro de la diferencia entre: esta repetición, nuestro perro, nuestra familia. *Vuelves a casa*, dije. *Quiero que vuelvas a casa.*

Querido Diario,

Siempre se puede enseñar un perro trucos viejos que los ha olvidado. No, no es la verdad, probablemente los recuerde. *Es un dios, es un perro.* No se puede enseñar un dios, no se puede enseñar un perro. No se puede sacar el vigilante del perro. O la calle o el misil rojo y pequeño o la basura del perro que come la basura. Siempre se puede beber contra el perro en cama. Mi fortuna lee, *La cama es sólo tan suave como el almohada.*

Querido Diario,

Dormimos juntos cada noche, pero aun nunca entras mi sueño. Ven, el agua está mojada y siempre hirviendo. Nunca comes las cosas que cocino por ti. ¿A ti no te gustan los higos? ¿A ti no te gusta yo? Nunca pongas confianza en una mujer que no es higo.

Querido Diario,

La mujer me dijo que el agujero dentro de mi
cuerpo tiene la forma de Dios. ¿Puedes ser palo de
Dios si te enrollo? ¿Promete que nunca amanecerá
mi perro? ¿Porqué cada historia del abuso empieza
con algo plegado para leer? Nadie disfrute mis ojos
sino tú. A veces miento, igual a mi madre.

Querido Diario,

El proceso entero de mi cuerpo se apagó. Soy más
piedra que mar. Va muy bien que amas mis
intestinas inmaculadas y acompañadas. Estas
pestañas, la maquina más curiosa. Las apagas, y
nunca cierren. Un cuerpo sin moción se puede
moverse sin moción.

Querido Diario,

Salvaremos juntos el mundo, y cuando no
podremos, uno de nosotros se caerá del margen. Mi
cabeza será una caja de mariposas se caerán del
vagón, pero después del vagón se deslizará del
margen. Cuando me tocas el cuello se cayó un
peñasco. Siempre he querido tener el nombre de un
cañón.

Querido Diario,

La mujer me avisó no "cáete del vagón y bebe

demasiado." Supongo que se cayó contra él, esta ira ha se endureció en la forma de un sol usado. Las estrellas pueden ser fuegos, pero la luna es una piedra y más brillante. Soy el mar, y el mar *nunca se mueve*. Bienvenido a la habitación negra.

Poets /Los Poetas

Ana Isabella Byrne, Venezuelan-born, British by passport and Barcelonan de facto since 1991. Studied English and French Philology in the Universitat Autònoma de Barcelona and Universiteit Gent. Has been participating in the Prostíbulo Poético since 2009 as a poetry whore and unofficial Spanish proofreader. She has also worked as an English, Spanish and French teacher. She has also worked as a translator, one of her translations being included in All Angles 1: Big Magic. Her work has appeared in El Libro Rojo Volumes 2 and 3.

Antoaneta Roman, born in Romania, speaks seven languages, writes in Romanian, English, French and Spanish. She currently resides in Barcelona where she's a member of the Prostibulo Poetico/ Poetry Brothel. Antoaneta holds an MA in Communication from the UQAM University in Montreal; she lived there for six years before moving to Spain and was part of the Noches de poesia collective. Her poems were published in anthologies and magazines in Mexico and Canada.

Carter Edwards lives in Williamsburg, Brooklyn. He is the author of the forthcoming novella Knucklebone and is the managing editor of Pax Americana. His work is featured in Mathematics Magazine, BOMB, The Sink Review as well as Hobart which nominated him for a 2011 Pushcart Prize. He is also a Literary Death Match champion and has the medal to prove it.

Catherine Sarah Young is writer who loves both art and science. She received her bachelor's degree in molecular biology and biotechnology from the Philippines, and fine art education in Spain. She first lived in Manhattan for three years doing graduate work in cancer and neuroscience, and studying illustration in the Art Students League of New York. Previous experience includes communications, design, journalism and editorial work for a national broadsheet, a global human rights organization, an art magazine, and a collaborative video game installation project. Her work uses science, poetry, prose, visual and performance art as means of investigation to create narratives. She is currently an MFA candidate and Fulbright scholar at the Interaction Design program at the School of Visual Arts.

Crystal Hoffman's poetry has appeared in a number of journals, including 3:AM, Moloch, A capella Zoo, FRiGG, Weave, and Maintentant. She is Artistic Director of <u>The TypewriterGirls</u> Poetry Cabaret, runs poetry playshops that promote surrealist and collaborative writing techniques, and is the newest member of The Poetry Brothel NYC. She completed her MA in English Literature with a focus on avant-garde poetry and performance. She lives is a life long activist for social and environmental justice.

Edward Smallfield is the author of The Pleasures of C, One Hundred Famous Views of Edo (a book-length collaborationwith Doug MacPherson), locate (a chapbook collaboration with Miriam Pirone), and equinox. His poems have appeared in alice blue, Barcelona INK, bird dog, e-poema.eu, Little Red Leaves, New American Writing, Five Fingers Review, Páginas Rojas, Parthenon West Review, 26, Wicked Alice and many other magazines and websites.

Harriet Sandilands is a performer and poet with The Poetry Brothel in Barcelona.

Jessica Rainey's work has appeared or will appear in All Angles (bilingual short story anthology), Barcelona INK, Dusie, Wicked Alice, e-poema, Ricci Ricci Journal, Sawbuck... and as a winner of the Science Fiction Poetry Association's new poet competition.

Joey Cannizzaro studied at The New School in New York City. He performs with The Poetry Brothel.

Kiely Sweatt has been living in Barcelona the last three years teaching English, translating and writing poetry. She started up the Prostibulo Poetico, and acts as Madame to the poets there. She has since helped to start working on branches in Madrid, Mexico, Costa Rica, Colombia and Venezuela. She is also co organizer of Tri Lengua, a multi lingual reading series in Barcelona. Her work has appeared online and in-print through such publications as The Why and the Later by Carly Sachs, Best American Poetry blog, Shampoo, among others.

Lauren Hunter is from North Carolina and lives in Brooklyn. She received her MFA in poetry from The New School and has recently joined the team at Telephone Books as their Emperor of Ice Cream. Lauren reads as Harriett Van Os with The Poetry Brothel and her chapbook, My Own Fires, is forthcoming from Brothel Books this fall. She hates to sleep and loves to dance.

Lisa Marie Basile is the author of a A Decent Voodoo, (Cervená Barva Press) and Triste (Dancing Girl Press), both forthcoming in 2012, as well as a co-authored chapbook, Diorama. Her recent work is or will be seen in Pear Noir!, Moon Milk Review, PANK and Right Hand Pointing. She is the editor of Patasola Press and a poetry reader for Weave Magazine and LIT Magazine. She is a managing editor for Brothel Books. Living in Brooklyn, NY, she is a performing member of The Poetry Brothel and is an M.F.A. candidate at The New School. www.lisamariebasile.com

Lynsey Griswold is a writer of many shapes and sizes operating out of New York City, focusing most of her energy on issues involving sex and smut. She has written for several "dirty magazines," the titles of which she chooses to leave up to your imagination, under a ridiculous pseudonym, and written about her experiences in the column "The Conflicted Exxistence of a Female Porn Writer" for McSweeney's Internet Tendency. She currently is the editor-in-chief and head interviewer for WHACK! Magazine, an online "provocative periodical for the cultured degenerate," the blogger behind Conflicted Exxistence, a contributor to porn maven Madison Young's TheWomansPOV.com and The Whiskey Dregs Literary journal, an aspiring graphic novelist, a staple at porn conventions nationwide, and, nautrally, a "poetry whore" with the New York Poetry Brothel, where she drawls out her poetry in a lacey corset under the name of Fanny Firewater. Jessica Rainey's work has appeared or will appear in All Angles (bilingual short story anthology), Barcelona INK, Dusie, Wicked Alice, e-poema, Ricci Ricci Journal, Sawbuck… and as a winner of the Science Fiction Poetry Association's new poet competition.

Nicholas Adamski authored Inside me a whale is taking shape. His work appears or is forthcoming in Emotion Road: Perspectives on Small Town Homoerotic Synth Pop, Caper Literary Journal, and Playground Literary Journal.

Adamski guest edited Issue 11 of pax americana. In 2007 he received his MFA from the New School. He is a Co-Founder The Poetry Brothel and the The Poetry Society of New York.

Stephanie Berger earned her B.A. in Philosophy from the University of Southern California and her M.F.A. in Poetry from the New School University. She is the author of In The Madame's Hat Box, a chapbook from Dancing Girl Press. Her poems have appeared most recently in H_NGM_N, Coconut Poetry, Caper Literary Journal, and she has poetry forthcoming in Bitch Magazine and Patasola Press' Anthology of Mythology. She is the Executive Director of The Poetry Society of New York, co-founder of the New York Poetry Festival, and the Madame of The Poetry Brothel. She edits Quartier Rouge and teaches in the English Department at Pace University.

Txus Garcia has been published in numerous magazines, such as: Magazine Cinosargo, Cultural Review Letters, Poe +,Journal Swordfish, Kaleido scope, The Dialogue of the Dogs, and in several anthologies. www.txusgarcia.com